Lichtverschmutzungen

Felix Ditting

Lichtverschmutzungen

Gedichte

Impressum

Bibliografische Information der Deutschen Nationalbibliothek:
Die Deutsche Nationalbibliothek verzeichnet diese Publikation in der
Deutschen Nationalbibliografie; detaillierte bibliografische Daten sind
im Internet über http://dnb.dnb.de abrufbar.

© 2021 Felix Ditting

Herstellung und Verlag: BoD – Books on Demand, Norderstedt

ISBN: 978-3-7534-2579-5

Inhalt

3

1

Spurlos verlaufen

Du bist mit
dem falschen Fuß
aufgestanden als du
mich verlassen hattest

deshalb schaffe ich es nicht
deinen Spuren zu folgen
bevor sie im Sande verlaufen

Kapitulation

Das Leuchten in deinen Augen
ist hoffnungslos ermüdet
wie vorbeiziehende Laternen
die stramm stehen
wie unsere Soldaten
ohne Befehle zu verweigern

Gerne würde ich
ihnen befehlen
wieder zu scheinen
wie damals
aber ich bin Pazifist

Weder noch

Weder vorgestern
noch gestern
oder heute
überschneiden sich unsere Wege

Jedoch morgen
finden wir uns tief
in den Gassen der Nacht
um uns dann

übermorgen
wieder
zu
verlieren.

Loslassen

Weil all diese Worte

rast-
schwere-
end-
ahnungs-
antriebs-
bewusst-
farb-
appetit-
hoffnungs-
lieb-
emotions-
zügel-

ohne dich
bedeutungs-
sind

Strandgut

Nachdem du mich verlassen hattest

Tag 1
ruderte ich weit
von unserer Insel
um dich zu finden

Monat 1
ruderte ich weiter
von unserer Insel
um dich zu vergessen

Jahr 1
ruderte ich weit
zurück zu unserer Insel
um mich zu retten

Und ich fand
weder mich
noch dich
noch unsere Insel jemals wieder.

Zwischen den Stühlen

Während sie dort
sitzt
und ich hier
stehe

zieht vieles vorbei
was sie
hier her bringen könnte
und mich
dort hin bringen könnte

Aber genau darum
sitzt du
hier
und ich stehe
dort

Und alles zieht
vorbei
während wir
uns nicht mehr erkennen.

Westwärts

Denn nur weil du sagst
„Nach Osten"
heißt nicht
dass wir gehen

Denn wenn wir gehen
und du sagst
„Nach Süden"
dann bleiben wir.

Und nur
wenn wir bleiben
und du gehst
dann kann auch ich

gehen
leben
vergessen
und endlich vergehen.

Ein großes dreistöckiges

Auf dem Parkplatz
sagtest du
vor deiner Abreise

dass wir uns wiedersehen
und ich stehe am Fenster
und warte darauf
dich wiederzusehen und

wieder zu sehen
wieder und wieder

Auf dem Parkplatz wurde ein Einkaufszentrum gebaut.

Unter anderem auch *bei* und *Leib*

In *lieben* steckt
unter anderem auch
nie

und deshalb werde ich
es auch
nie
lassen

dich zu lieben
auch wenn du es
nie
tust

Mal mehr mal weniger

Man sagt
weniger sei mehr
deshalb habe ich versucht

weniger
an dich zu denken um
mehr
von dir zu haben

doch dann habe ich beschlossen
dass ich lieber
mehr
an dich denken will

weil ich nur so
wenig
von dir
haben kann.

Lebenslanges Lernen

Lernen
das heißt

dich kennenlernen
zuerst nur erst ein bisschen

lernen dich zu lieben
ohne nachzudenken

lernen zu leben mit dir
zu jeder Stunde

lernen loszulassen
wenn Freiheit zu sehr drängt

lernen zu leben
ohne dich

Nachteile

Damals
du dort
mit mir
dein Mund leise

dann
du hier
mit mir
dein Blick laut

jetzt
du dort
ich hier
dein Mund stumm
dein Blick blind

Elemente

Wenn wir sind
wie Wasser und Feuer
dann löscht du mich
oder bringst mich zum kochen?

Oder sind wir
wie Wasser und Wasser
und überschwemmen gemeinsam
unseren vollgerümpelten Keller?

Aber sind wir doch
wie Feuer und Feuer
und entzünden gemeinsam
das Haus das wir bauten?

Ich friere

Denkzettel

Beim Korrigieren der Gedichte
musste ich an dich denken
und habe eine Liste gemacht
mit Dingen an die ich gerade
sonst noch denke:

Unsinn

Die Ohren sprachen
mit ihren Augen
dass alles besser würde

Die Augen hörten
mit ihren Mündern
was die Ohren sprachen

Die Münder sahen
mit ihren Ohren
dass etwas nicht stimmte

Sinn

Nichts mehr sehen können muss sein
wie nichts mehr zu riechen und
nichts mehr zu hören
Dich nicht mehr sehen können ist schlimmer

Nichts mehr hören können muss sein
wie nichts mehr zu sehen und
nichts mehr zu riechen
Dich nicht mehr hören können ist schlimmer

Nichts mehr riechen können muss sein
wie nichts mehr zu hören und
nichts mehr zu sehen
Dich nicht mehr riechen können ist schlimmer

Ohne dich bin ich
von allen Sinnen verlassen

Paradoxon

Wenn es mir schlecht geht
dann denke ich an dich
damit es mir besser geht

Und wenn es mir gut geht
dann denke ich an dich
damit es mir schlechter geht

Vielleicht lösen sich
die Gedanken an dich auf
wenn ich immer an dich denke

Mutationen

Wenn man Gedanken zu oft denkt
dann verschwimmen sie im Traumfluss
und man dreht und wendet sie
wie Herbstlaub
das durch häufiges Rechen
zerfällt und sich neu zusammensetzt

Mittlerweile weiß ich nicht mehr
welche Gedanken wahr sind
und welche nur ein trauriges Trugbild

Dappertutto

Ich empfand es als töricht
seinen Schlagschatten zu verkaufen
für einen Beutel voll Gold

und sein Spiegelbild zu geben
in einem italienischen Garten

Und habe selbst nicht gemerkt
wie viel Lebenszeit
ich vergeudet habe
nur um an dich zu denken

Erfolglos schließe ich mich
den beiden an bei ihrer Suche
überall und nirgendwo

Eigenheim

Ich habe ein Haus gebaut
weit draußen in der Natur
aus Holz des angrenzenden Waldes
ein großes Haus mit vielen Zimmern
in dem auch du genug Platz hast frei zu sein

wenn du magst können wir auch
Hühner und Katzen und Kühe mitnehmen
ich weiß dass du das immer wolltest

aber das schönste an diesem Haus
ist der dazugehörige See
in dem ich das alles ausbaden muss

2

Fremdenheim

Wir besetzen schon lange
diese alte Burgruine
das war uns lieber als
besetzte Altbauwohnungen
in menschenseelenvollen
Großstädten
aber wir können
weder die Burgruine
noch unsere Hingabe
vor dem Verfall schützen.

Verbrennungen

Es gibt eine Welt
da verbrennen Menschen
Bücher
weil sie sagen
sie wären nicht
lesenswert

Vielleicht gibt es eine Welt
da verbrennen Bücher
Menschen
weil sie sagen
sie wären nicht
lebenswert

In welcher Welt
sind Gedichte
gefährlicher?

Bäumchen schüttel dich

Und was wäre
wenn Bäume
und Sträucher
und Eidechsen
nur Requisiten sind
die wir falsch verwenden
weil in der Gebrauchsanweisung stand
„Bitte nicht schütteln!"
Und doch schütteln wir sie
wieder
und wieder
und hören erst auf
wenn es nichts mehr zu schütteln gibt.

Wie man in den Wald

Aber du rufst in den Wald
und der Wald ruft nicht zurück
weil du ihm das Wort verboten hast

und wieder rufst du in den Wald
aber der Wald ruft nicht zurück
weil du ihm die Lippen versiegelt hast

und dann ruft der Wald nach dir
aber du hörst nicht
weil deine Ohren taub sind
von deinem eigenen Rufen.

Klappe zu

Früher sind wir
wie Affen
an Bäumen
höher
und höher
bis wir durch den Wipfel
die Köpfe streckten
und sahen
wie hell und frei
das Land vor uns lag

Heute fallen wir
auch frei
ohne greifbaren Ast
vom selben Baum
und sehen nur noch
den Schatten des Wipfels

Blindenführung

Wir sahen
vor lauter Steinen
den Berg nicht

und vor lauter Sand
sahen wir
die Wüste nicht

bis einer kam
der nahm
die Steine
und den Sand

und sagte
„Siehe da: Berge und Wüste"
und was wir dort sahen war
nichts

Leidenschaftliche Freude

Geteiltes Leid
ist
doppeltes Leid

und geteilte Freude
macht
keine Freude

wenn
man
leidet

Frühjahrsalbtraum

Nicht nur der Frühling
lässt wieder ein blaues Band
durch Deutschlands Lüfte flattern

gewaltige Saat
trifft auf fruchtbaren Boden
und wenn sie ernten
was sie sähen
dann treten sie das Recht
mit Füßen

Viele fänden es besser, Rechte mit Füßen zu treten

Neunter November (1)

Gläserne Scherben
erleuchten den Himmel
wie königliche Kronleuchter
unsere Großeltern fegen

kristallene Späne
bedecken den Boden
wie Sterne den nächtlichen See
unsere Eltern fegen

glitzernde Asche
versteckt sich in Ritzen
wie zaghafte Glühwürmchen
wir fegen

Für unsere Kinder
müssen wir
neue Besen kaufen.

Neunter November (2)

Noch immer stehen wir uns gegenüber
wie Fremde
die sich nach dem Weg fragen
oder wissen wollen
wohin die Reise geht
wir vergleichen die Größen unserer Nasen
und die Abdrücke unserer Füße
am gemeinsamen Strand

Wir sprechen in derselben Sprache
aneinander vorbei
und zeigen in die falsche Richtung
anstatt uns die Hände zu geben

Das Geben von Händen ist seit dem vergangenen Jahr nur noch bedingt
möglich

Vor dem Gesetz

Da sitzen wir in schweren Ketten
und warten auf den Urteilsspruch
versuchen noch uns selbst zu retten
doch alles um uns geht zu Bruch

Lang schon plagt mich das Gewissen
hab von den Taten nichts gewusst
aus dem Leben schnell gerissen
bin ich mir keiner Schuld bewusst

Der Richter spricht und wir erheben
uns, sind für das Urteil schon empfänglich
wir flehen, zagen, bitten um Vergeben
das Verdikt wie erwartet: Freiheit, lebenslänglich.

Bodenlose Frage

Wenn man
einem Faß
mit doppeltem Boden

den Boden ausschlägt
muss man dann
zweimal schlagen

oder gibt man sich
damit zufrieden
dass man noch
nicht bodenlos ist?

Hunger

Jetzt müssen wir die Suppe auslöffeln
die zu viele Köche versalzen haben
und sehen mit Tomaten auf den Augen
nicht über den Tellerrand hinaus

Wie eine Mutter ihr Kind
so ernährt euer Krieg den nächsten
Friss oder Stirb!

Fadenscheinig

Nach einiger Zeit
riss der
Gesprächsfaden

kurz danach
auch der
Geduldsfaden

Jetzt ziehe ich
so sehr ich kann
kraftlos
am Lebensfaden

Tragweite

Eine Eule aufzuziehen
ist ein schwieriges Unterfangen
aber mit etwas Glück
brütet man sie selbst
und kann sie dann
nach eigenem Willen erziehen

Meistens aber muss man sie fangen
und zähmen um ihr dann zu erklären
dass man sie nach Athen tragen müsse
und dann weiter in die freie Welt

Wir ertranken beide vor der Ankunft

Mehr als 20000 Menschen ertranken bisher ebenso auf der Reise in eine freiere
Welt

Grenzverkehr

Mit jedem Sinken
eines Boots
im Mittelmeer

sinkt auch die Zahl
der Flüchtlinge
an den Grenzen

und es steigen
die Toten im Meer
mit aufgeblähten Bäuchen

und die Wahlstimmen
für aufgeblähte
Volksvertreter

Handhygiene

Sie gießen sich literweise
Unschuld ins Becken
eine Hand wäscht die andere

und im Handumdrehen
hat man alle Hände voll zu tun
mit dem Schießen

früher auf Spatzen mit Kanonen
heute auf Kinder mit Drohnen.

Bei Drohneneinsätzen der USA starben bisher mehr als 2000 Zivilisten,
darunter über 400 Kinder.

Versteckte Freiheit

Zu mancher Zeit versteckt sich
die Freiheit listiger als sonst
und so war ich heute auf der Suche

im Schrank unter der Spüle
wo es oft tropft und klopft

habe Tassen gewendet und Teller
sogar den blauen Blumentopf
falls ich sie in der Nacht umgefüllt
oder vergossen hatte

Sehr spät habe ich sie entdeckt
wie sie mich fragend beobachtete
drüben im Bücherregal

Selbsterkenntnis

In deinem Land gab es einen See
und für jeden der die Wahrheit suchte
gab es einen Fisch der sie ihm zeigte

Ich war noch jung als ich dort ankam
und wusste nicht viel vom Angeln
aber ich lernte mit der Zeit und saß
beharrlich mit den besten Würmern
die ich gesammelt hatte

Es dauerte lange und auch das Land
war schon lange nicht mehr deins
bis mein Fisch anbiss
um mir meine Wahrheit zu zeigen

Glücklicherweise war ich
in all den Jahren blind geworden

Altbackenes

Wir ersticken schon am Brot
das ihr für uns gebacken habt
aus dem Korn eurer Versprechen
gemahlen in altbewährten Gebetsmühlen

Streitgespräch über eine Brücke

„Brauchen wir diese Brücke noch?"
habt ihr gefragt
„sie versperrt uns die Sicht auf den Fluss"

„Ihr seht den Fluss doch auch"
haben wir erwidert
„wenn ihr einen Schritt zur Seite geht"

„Die Brücke ist aber nicht sehr schön"
habt ihr gesagt
„sie ist dicht bewachsen mit Moos"

„Die Brücke muss nicht schön sein"
haben wir erwidert
„sie muss Hilfesuchenden einen Weg bereiten"

„Auf der Brücke steht schon das Wasser"
habt ihr gesagt
„was wenn die Menschen sich die Beine brechen"

„Das Leben mit einem gebrochenen Bein"
haben wir geantwortet
„ist besser als ein gebrochenes Leben"

„Aber was sollen wir tun"
habt ihr gefragt
„wenn die Falschen über die Brücke kommen?"

„Und trotzdem seid ihr"
haben wir geantwortet
„auch einst über die Brücke gekommen"

„Die Brücke ist eine Gefahr"
habt ihr gesagt
„auch wenn ihr in allen Punkten recht habt"

„So lange ihr nicht versteht"
haben wir erwidert
„ist es auch auf dieser Seite der Brücke nicht sicher"

Und wir gingen ein letztes Mal über die Brücke

3

Frühjahrstraum

Ich träume
wie wir gemeinsam
im Herbstlaub
Schneeengel machen

und träume
wie wir gemeinsam
fallende Asche fangen
mit unseren Zungen

und wie wir lachen
weil die erwartete
Süße in Wahrheit
so bitter ist

Dann wache ich auf
und es ist erst Frühling.

Erwürgen und erwürgen lassen

Manchmal wache ich nachts auf
weil der Gedanke versucht mich
zu erwürgen und ich schreie ihm
schweigend entgegen bis er von mir ablässt.

Manchmal wache ich nachts auf
weil ich versuche den Gedanken
zu erwürgen und er schreit mir
schweigend entgegen bis ich von ihm ablasse.

Es wäre für uns beide
am besten
wenn wir unser Ziel erreichen
um endlich in Ruhe zu schlafen.

Kurze Suche (mit Reim)

Ich war einst am Meer auf der Suche
nach dem Mädchen aus meinem Traum
sie saß dort mit einem Buche
was ich fand waren Wellen und Schaum

aus der Tiefe hört ich sie singen
ich ging los und sagte ihr Dank
sie wünschte mir gutes Gelingen
ich schwamm weiter bis ich ertrank

Besser ich bliebe (daheim).

Wortketten

Oft besinnen wir uns wahrer Worte
oder bewahren den wörtlichen Sinn

wenn wir doch eigentlich versuchen
sinnvolle Worte zu bewahren

ohne zu wissen dass wir uns nur
bewähren wenn wir dann

im wahrsten Sinne der Worte
nach dem Sinn des wahrsten Wortes suchen

Aber können wir das befürworten?

Heute (1)

Du hast
so viele
Nadeln
in meinem
Heuhaufen
versteckt

dass ich
vor lauter
Nadeln kein
Heu mehr
finden kann

Unsere
Kühe
sind
fast
verhungert

Heute (2)

Mit all den Nadeln
aus dem Heuhaufen
fütterte ich die Kühe

und mit Wolle
gesponnen aus Gedanken
am Spinnrad unserer Erinnerungen

Jetzt haben sie aufgehört
Milch zu geben

aber wir haben nun Strickjacken
mit denen wir unsere Gedanken
nach außen tragen können

Nur ein bisschen mehr Zeit

Wir nagen
am Zahn der Zeit
immer kleinere Bisse
wie eine Maus am Käse
bevor wir feststellen
dass die Zeit
an uns
nagt

Nußknacker

Manchmal streife ich
durch Gedanken
wie andere vorbei
an Flüssen und unter
Walnussbäumen

Genau so zertrete ich
von Zeit zu Zeit
einen von ihnen
um zu sehen was ich
darin vorfinde

Sternstunden der Zukunft

Wir sind rechtzeitig losgefahren
du und ich zusammen im großen Wagen
und haben nach reichlich Vorbereitungen
unser Himmelszelt aufgeschlagen

Wir hatten Probleme als wir versuchten
die Heringe in den milchigen Grund zu schlagen
aber du meintest es wäre ausreichend
für diese eine Nacht

Abends saßen wir dann
und schauten hinunter
ganz zuversichtlich
in unsere Vergangenheit

Umzug

Meine Gedanken waren hungrig
ich sah wie sie am Hungertuch nagten
und bekam Mitleid mit ihnen

Als sie begannen
am Tischbein zu kauen
warf ich ihnen
die Vorhänge zum Fraß vor

Nach kurzer Verzehrung
stand ich im leeren Raum
meine Gedanken lagen
vollgefressen auf dem Korkboden

Geräuchertes

Ich hatte sie endlich aufgetaut
die Gedanken aus meinem Gefrierfach
konserviert in heißem Rauch

Ich schnitt sie vorsichtig
immer dünner ohne zu merken
dass sie längt verflogen waren

Bitte wenden

Tut man dies mit kleinen Steinen
so findet man allerlei Asseln
und kleinkalibriges Kriechtier.

Dreht man große Steine
dann kann man unter anderem
auch Eidechsen finden
und wieder Asseln
die werden zwar nicht größer
aber mehr

Was würden wir finden
könnten wir Berge versetzen?

Schattenspiel

Dein Schatten
schleicht jede Nacht ums Haus

strahlt durchs Fenster
verdunkelt meine Wohnung

kommt rein
durch die Türe im Dachgeschoss

setzt sich
an den Tisch aus Walnussholz

nascht von den Plätzchen
die Weihnachten übriggelassen hat

Das Warten bis Sonnenaufgang
ist unerträglich

Fellpflege

Du hast dir
im letzten Jahr
ein dickes Fell
wachsen lassen

Hast es gebürstet
und gepflegt
mit nährstoffreichen Ölen

nur um es mir
über die Ohren zu ziehen

Irrtümer

Ich habe die laute Vorahnung
dass wir unsere Reserven zu früh locken

Dein einschläfernder Weckruf
reißt mich tiefer in den Traum
mit der Härte einer Feder

Aber ich glaube am Ende
ergießt sich alles von selbst

Entwurzlung

Ich habe dir
einen Strauß
Kornblumen
mitgebracht
die ich selbst
entwurzelt habe

Stell sie
ins Wasser
dann können
wir ihnen
beim Sterben
zuschauen

Bachgedanken

Mit den Füßen
tief im Bach

spüre ich den
trockenen Regen

und zerfalle bald
in meinen Ursprung

Decken

Schneedecken
rutschen
räumen
salzen

Felldecken
frieren
überziehen
wärmen

Tischdecken
hungern
ausbreiten
abwischen

Nebeldecken
erblinden
beleuchten
überwinden

Teerdecken
betrachten
bekleben
begehen

Grasdecken
bepflanzen
wachsen
betreten verboten

Viel zu oft
halten wir uns
bedeckt

Verrettung

Wir lassen Nebelkatzen steigen
zur allgemeinen Rettung

entzünden weitreichende Leuchtsäulen
auf den bedeckten Dächern

berauben uns selbst der letzten Hölzer
die zum Verbrennen unserer Hoffnung
benötigt wurden

In letzter Sekunde steigen sie herab
und setzen uns in ihre Körbe
die beim Abflug zerbersten

Jugend

Aus euren Gesichtern
blendet mich Vergangenes
und erkennt mich nicht

Eure Rauchdecken
entfalten sich dort
wo sie zuerst aufstiegen

und gemeinsam ritzen wir
mit Keilen in die Stämme
„Für immer"

Zyklen

1
Gedanken kreisen wie Geier
über meinem Aas
sie füttern ihre Jungen
und erschlagen sie
mit hölzernen Schnäbeln
und streuen die Asche
auf ihre Felder

2
Die Asche der Unglücksgeier
reiben die Rehe
tiefer in den Grund
und zerbrechen dabei
erdige Schollen
und die Schädel der Jungen

3
Die Köpfe wachsen heran
in Pilzkreiszeichen
und tragen
nach erfolgreicher Öffnung
der silbernen Schirme
ihre Sporen durch den Wald

4
Altgewordene Bären
fangen die Sporen
in ihren Netzen
und verpuppen sie
in brauchbaren Beuteln
die sie zurück nachhause tragen
und vor meiner Türe ablegen

5
Ich kleide mich in
Kopfgedankensporen
und betrachte mich im Spiegel
ich drehe mich
und erkenne sie
und werde wieder
aufs Neue zu Aas

Zweiter Zyklus

1
Wir streifen sie ab
die dicken Mäntel
von unseren Leibern
sie wurden schwer
nach der biegenden Kälte

Sie beginnen zu blühen
und legen sich
zwischen die Gräber

2
Wir entwirren
die engen Schals
von unseren Hälsen
sie würgten uns
nach der klirrenden Kälte

Sie beginnen zu flattern
und landen
auf den Blüten

3
Wir reißen
die farblosen Mützen
von unseren Köpfen
sie beengten uns
nach der bleiernen Kälte

Sie beginnen zu grünen
und kriechen
über die Mauern

4
Wir entledigen uns
der alten Stiefel
an unseren Füßen
sie haben Tau angesetzt
nach der brechenden Kälte

Sie beginnen zu zwitschern
und nisten
auf den Mauern

5

Sie sind jetzt frei
es taut
es tropft schon
auf unsere Gebeine

Bald müssen wir
sie wieder
einfangen

Dritter Zyklus

1

Sie saugen mit ihren Wurzeln
tief im Inneren
rottendes Leben
es steigt auf in die Äste
und durchbricht
vertrocknete Vergangenheit

2

Vergangenheit erblüht
durch rottendes Leben
presst grüne Spitzen
aus magerem Holz
und verdickt
seine Rinde

3
Es treiben von überall
die Lebenden und
Liebenden
mit ihren Messern
sie ritzen in die Rinde
ihre Schwüre
sie verletzen sie

4
Blutrote
blutgelbe
blutbraune
Verletzungen fallen
sie zerreißen die Schwüre
sie graben sich ein

5
Die verletzten Liebenden
und zerrissenen Lebenden
beginnen zu rotten
sie vergehen
sie steigen bald wieder auf

Das Letzte

Das ständige Zirpen der Zikaden
und ungezügeltes Zähnezusammenbeißen
war zeitweise ziellos

Bis wir ziemlich zügig
in zahllosen Zwischensequenzen
zur Zähmung zusammentrafen

Jetzt zanken sich
Zähne und Zikaden
und vom Zaun zwitschert
eine Zwergspitzmaus